"인류가 구텐베르크에게 빚을 진 것처럼
앞을 볼 수 없는 우리는 루이 브라유에게 빚지고 있습니다."

-헬렌 켈러

여섯 개의 점
점자를 만든 눈먼 소년 루이 브라유 이야기

젠 브라이언트 글 | 보리스 쿨리코프 그림 | 양진희 옮김

내가 태어나던 날, 아빠는 기뻐하며 마을 사람들에게 알렸어요.
"제 아들이에요! 이름은 루이랍니다."
하지만 나를 보러 온 이웃들은 쯧쯧 혀를 차며 낮은 소리로 수군거렸어요.
"아이가 너무 작아. 아무래도 살기 어렵겠는걸."

그런데 난 살아남았어요!
나는 호기심이 많은 아이여서, 내 두 눈은 사랑이 가득한 엄마 얼굴이랑
요람을 살짝 가린 레이스, 식탁 위에 놓인 매끈한 식빵 덩어리까지,
보이는 것들은 모두 알아보게 되었어요.

나는 튼튼하고 건강하게 자랐어요.
내가 형의 넓은 어깨에 올라타고 빵집에 갈 때나
누나들과 함께 닭 모이를 줄 때면, 마을 사람들은 미소 띤 얼굴로
손을 흔들며 "아유, 참 잘도 생겼네!" 하고 말했어요.
그러면 누나들은 "게다가 똑똑하지요."라고 덧붙였어요.

세 살 때, 나는 우리 쿠브레 마을 사람들의 이름을 모두 알았어요.
누나의 바구니에 담긴 달걀과
나뭇가지에 앉아 있는 참새들의 수도 셀 줄 알았고,
한 번 들은 이야기는 한마디도 빼놓지 않고 똑같이 따라 했어요.

그렇지만 내가 가장 좋아했던 건 아빠가 작업장에서 일하는 모습을 지켜보는 것이었어요. 사람들은 가죽으로 된 말안장을 만들어 달라거나 망가진 말고삐를 고쳐 달라면서 멀리서부터 아빠를 찾아왔어요. 아빠의 손에서 거친 가죽 조각들은 부드럽고 쓸모 있는 물건으로 바뀌었어요.

나는 아빠처럼 되고 싶었어요.
하지만 내가 작업대에 놓인 연장에 손을 대기라도 하면, 아빠는 "안 돼! 손대지 마라!" 하며 엄하게 주의를 주었어요. 그리고는 부드럽게 타일렀지요.
"루이, 넌 아직 너무 어려. 더 클 때까지 기다려야 한단다."

너무 어리다고요?
나는 얼른 자라서 키도 크고 힘도 세지고 싶었어요.
그런데 만약 내가 할 수 있다는 걸
아빠한테 보여 준다면?

가죽은 부드러웠어요. 송곳은 날카로웠고요.
나도 아빠처럼 할 수 있을 것 같았는데……

"아악! 아빠아아아아아아아아아!"

그날, 내 삶이 바뀌었어요.
의사 선생님이 내 눈에 붕대를 감아 주었어요.
나는 다시 한 번 "안 돼! 손대지 마라!"라는 말을 들었어요.

그런데 붕대를 맨 곳이 너무 가려웠어요.
내 두 손은 나뭇가지 위의 참새들처럼 작고 재빨랐고요.
나는 눈에 손을 대지 않을 수가 없었어요.
일부러 상황을 더 나쁘게 만들려던 것은 아니었지만, 그만 그렇게 되어 버렸어요.
염증이 성한 눈에까지 번져 나는 아무것도 볼 수 없게 되었어요.

나무도, 참새도 볼 수 없었고, 사람들의 얼굴도 볼 수 없었어요.
하늘거리는 레이스도, 매끈한 식빵 덩어리도 볼 수 없었어요.
다섯 살 무렵, 나는 완전히 눈이 멀고 말았어요.

마을 사람들은 눈먼 나를 보며 수군거렸어요.
"가엾은 루이! 무척이나 영리한 아이였는데.
이제 저 아이는 어떻게 될까?"

나의 세상은 깜깜하고 위태로웠어요.
나는 벽과 방문, 의자들에 몸을 부딪치며 집 안을 비틀비틀 걸어다녔어요.
여기저기 부딪쳐 생긴 상처 때문에 온몸이 아팠어요.
"해는 어디에 있나요?"
나는 울부짖었어요.

하지만 해는 떠오르지 않았어요. 나는 온종일 창가에 앉아,
내 두 눈이 할 수 없는 것들을 두 귀가 하도록 연습했어요.

"땅, 땅, 끼익, 끼익."
이 소리는 아빠의 작업장에서 나는 소리였어요.

"휘익, 휘익, 쉬익, 쉬익."
이 소리는 긴 치마를 입은 아주머니들이 서둘러 시장에 가는 소리였어요.

가족들은 눈이 안 보이는 나를 위해 각자 할 수 있는 것들을 해 주었어요.
아빠는 나무 지팡이를 만들어 주었어요.
"탁탁, 탁탁, 탁탁……."
나는 지팡이를 짚고 날마다 조금씩 더 멀리까지 걸어갔어요.
집에서 정원까지는 몇 발짝인지,
포도밭과 닭장, 빵집과 방앗간,
그리고 아빠의 작업장으로 돌아오는 거리는
몇 발짝인지 정확히 세면서 걸었어요.

형은 내게 휘파람 부는 법을 가르쳐 주었어요.
"휘이, 휘이휘이!"
그리고 소리가 메아리가 되어 되돌아오면
내 앞에 무언가 있다는 것을
알려 주었어요.

누나들은 짚으로 알파벳을 만들어 주었어요.
아빠는 자투리 가죽이나
나무판자에 머리가 둥근 못을 박아서
글자 모양을 만들어 주었고요.

나는 엄마와 함께 손끝으로
도미노 블록에 찍힌 점들을 세면서 놀기도 했어요.

마을 신부님은 내게 나무들은 손으로 만져서, 꽃들은 향기로, 새들은 노랫소리로 구별하는 법을 가르쳐 주었어요.
나는 신부님이 읽어 주는 성경 이야기와 시를 귀 기울여 들었어요.

"신부님, 눈이 안 보이는 아이들을 위한 책은 없나요?"
나는 신부님에게 물어보았어요. 그러자 신부님이 대답했어요.
"없단다, 루이. 미안하구나."

일곱 살이 되자, 나는 마을 아이들과 함께 학교에 다니게 되었어요.
수업 시간에 아이들이 낱말이나 숫자를 쓰거나 큰 소리로 책을 읽는 동안,
나는 맨 앞줄에 앉아 귀로 듣고 외웠어요.

나는 선생님에게 또 물어보았어요.
"선생님, 눈이 안 보이는 아이들을 위한 책은 없나요?"
"없단다, 루이. 미안하구나."
선생님이 대답했어요.

하지만 나는 사람들이
나를 가여워하길 원한 게 아니었어요.
다만 다른 아이들처럼 내 스스로
책을 읽고 글을 쓰고 싶었을 뿐이에요.

이웃 마을에 사는 한 귀부인이 나에 대한 이야기를 들었어요. 그 귀부인은 파리에 있는 왕립맹아학교에 편지를 써서 내가 그 학교에서 공부할 수 있는지 알아봐 주었어요. 한참을 기다린 끝에, 드디어 답장이 왔어요.
"입학을 환영합니다, 루이 브라유!"

나는 한껏 들뜬 목소리로 아빠에게 말했어요.
"신부님이 그러시는데, 맹아학교에는 눈이 안 보이는 아이들을 위한 책이 있대요."
"하지만 넌 이제 겨우 열 살인데!" 엄마가 눈물을 글썽이며 말했어요.
"그리고 넌 거기서 몇 달씩 홀로 떨어져 지내야 해!" 형이 이어서 말했어요.
"파리는 큰 도시이고, 아주 멀어!" 누나들까지 겁을 주었어요.

어떻게 해야 가족들을 이해시킬 수 있을까요?
책이 없으면 나는 언제까지나 '가엾은 루이'일 거예요.
목줄이 꽉 조인 개처럼 아무것도 할 수 없겠지요.
나는 가족들에게 말했어요.
"엄마, 아빠, 형, 누나들을 사랑해요. 그래도 난 가야만 해요."

내 두 눈으로 볼 필요도 없이, 나는 왕립맹아학교가 궁전이 아니라는 것을 알았어요.
침대는 딱딱했고, 비좁은 기숙사 방은 습기가 차서 눅눅했어요.
교복은 거칠었고, 음식은 양이 적은 데다가 차갑기까지 했어요.
선생님들은 엄격했고, 상급생들은 나를 괴롭히고 물건을 훔쳐 가기도 했어요.
나는 집이 너무 그리워 당장이라도 돌아가고 싶었어요.

하지만 나는 계속 학교에 남아 있었어요. 낡고 곰팡내 나는 이 학교 어딘가에
눈먼 아이들을 위한 책이 있었기 때문이에요.
"성적이 가장 우수한 학생들만 책을 읽을 수 있게 해 준대."
내 친구 가브리엘의 말에 내가 대답했어요.
"그럼 난 최우수 학생들 가운데 한 명이 될 테야!"

맹아학교에서 배우는 방식은 고향인 쿠브레에서 배우던 것과 거의 비슷했어요.
우리는 가만히 앉아서 듣고 외우고, 함께 암송했어요.
음악 수업도 있었고, 작업장에서 슬리퍼를 만들기도 했어요.
내 손가락들이 오르간 건반 위나 헝겊 조각 사이를 날아다니는 동안,
나는 책을 읽고 쓰는 상상을 했어요.

나는 내가 할 수 있는 한 열심히 작업하고 공부했어요.

마침내 그날이 되었어요.
안내원이 도서관으로 나를 데려가더니, 명령하듯 말했어요.
"여기 앉아라!"
발을 질질 끌며 걷는 소리, 끙끙거리는 소리, 무언가를 긁는 소리가
들리더니, 이윽고 '쿵' 소리가 났어요.

안내원이 내게 말했어요.
"자, 여기 있다. 손가락으로 볼록하게 도드라진 글자를 따라가기만 하면 돼."
책이 워낙 커서 첫 페이지의 맨 첫 줄을 찾기까지 한참 시간이 걸렸어요.
내 손가락들은 쿠브레에서 짚과 자투리 가죽으로 만든 글자들을 가지고 했던 것과 똑같이,
글자 하나하나의 모양을 따라갔어요.

그런데 밀랍을 바른 글자들은 크기가 굉장히 컸어요.
손끝으로 첫 번째 줄을 더듬어 읽으니, 어느새 손이 페이지 중간까지 내려왔어요.
겨우 몇 줄을 더 읽고 나서, 나는 책장을 넘겨야만 했어요.
두 페이지를 더 읽자, 그것으로 끝이었어요!

"이게 전부예요?"
내가 물었어요.
"아니, 책은 더 있어. 하지만 다른 책들도 이 책이랑 거의 비슷하지."
안내원이 대답했어요.
글자 하나가 내 손 크기만 하다니! 한 페이지에 겨우 몇 줄밖에 없다니!
나는 한숨이 나왔어요.
이런 책 백 권을 읽는다고 해도, 도대체 얼마나 배울 수 있을까요?

나는 실망하여 저녁도 먹지 않은 채 잠자리에 들었어요. 집에 가고 싶다는 생각을 하며 까무룩 잠이 들었는데, 화가 난 이웃집 개가 도망치는 꿈을 꾸었어요.
그런데 그 개는 나에게 달려와, 내가 웃을 때까지 얼굴을 마구 핥았어요.

"루이, 루이! 일어나!"
가브리엘이 나를 흔들어 깨웠어요. 어느새 아침이었어요.
"교장 선생님이 부르셔. 얼른 가자!"

학생들이 모두 대강당에 모이자,
교장 선생님이 설명하기 시작했어요.
"프랑스 군대의 샤를 바르비에 대위가 어두운 밤에
병사들에게 명령을 전달하기 위해 '야간 문자'를 만들었어요.
이 문자는 손가락으로 만져서 읽는 것이어서,
앞을 볼 수 없는 여러분도 사용할 수 있어요."

교장 선생님은 계속해서 말했어요.
"여러분은 모두 점과 줄표가 도드라지게 새겨져 있는 종이를 하나씩 받았어요.
각기 다른 모양으로 박아 넣은 점과 줄표는 '아'나 '어' 같은 소리를 나타냅니다."
우리는 교장 선생님의 설명을 주의 깊게 들었어요.

야간 문자를 읽는 건 쉽지 않았어요. 외워야 할 게 많았거든요.
나는 종이를 뒤집은 다음, 점과 줄표들을 만지며 손가락을 왼쪽에서
오른쪽으로 옮겨 갔어요. 그러고는 나도 모르게 소리쳤어요.
"후퇴하라!"
갑작스런 나의 외침에 아이들이 모두 웃었어요.
이 말은 물론 병사들에게 내려진 명령이었지요!
그런데 그때, 내 심장은 희망으로 두근거렸어요.
나는 교장 선생님에게 종이 하나를 더 달라고 했어요.

나는 다시 점과 줄표들을 더듬어 읽었어요. "보급품이 새벽에 도착한다."
"잘했다, 루이!" 교장 선생님이 칭찬했어요.
다른 아이들도 종이에 적힌 내용들을 큰 소리로 말했어요.

"이 야간 문자는 어떻게 쓴 거예요?"
내가 묻자, 교장 선생님은 내게 나무 판 하나를 건네주었어요.
나무 판에는 구멍 뚫린 쇠판이 가로놓여 있었어요.
"판 아래에 종이를 놓고, 이 뾰족한 펜을 잡으렴. 다치지 않게 조심해야 한다!"

뾰족한 펜은 아빠의 작업장에 있던 송곳 같았어요.
나는 그날의 기억이 떠올라 몸이 부르르 떨렸어요.

"이 펜을 사용하여 종이에 야간 문자를 뚫어 넣는 거란다."
교장 선생님이 말했어요.
나는 점과 줄표로 된 야간 문자 몇 개를 만든 다음,
종이를 뒤집어서 손끝으로 더듬어 읽었어요.

나는 몇 주일 동안 야간 문자를 연습했어요.
도드라진 점과 줄표로 된 글자를 만져서 읽는 것은 굉장히 똑똑한 생각이었어요.
적어도 전쟁터에서는요.
그런데 우리에게는요? 글자가 너무 복잡해서 다들 금세 포기해 버렸어요.

"짧은 내용인데 점과 줄표가 너무 많아!"
나는 가브리엘에게 불평했어요.
"더구나 낱말을 소리 나는 대로 표시하잖아."

"그게 뭐 어때서?"
가브리엘이 되물었어요.
"어때서라고? 왜 우리는 맞춤법에 맞추어 정확히 글자를 쓰면 안 돼?
눈이 보이는 사람들처럼 말이야."
나는 힘주어 말했어요.

점으로 문자를 표현하는 야간 문자는 새로운 시작이었어요.
하지만 눈이 보이지 않는 사람들이 실제로 사용하기에는 문제가 많았어요.
"제가 야간 문자를 좀 더 쉽고 편리하게 고칠 수 있도록 대위님이 도와주실까요?"
나는 교장 선생님에게 물었어요.

"미안하구나, 루이. 대위님은 그런 일에 관심이 없단다."
미안하구나…….
이번에도 역시 대답은 똑같았어요.

오래전에 나는 아빠가 거친 가죽 조각으로 쓸모 있는 물건들을 만드는 것을 지켜보았어요.
이제 나는 내가 무엇을 해야 할지 깨달았어요.
친구들이 모두 잠든 늦은 밤에, 나는 판 위로 몸을 기울이고 두꺼운 종이에 구멍을 뚫었어요.
대위님이 만든 글자를 좀 더 사용하기 쉽게 만들기 위해
수없이 많은 방법을 시도해 보았지요.
나는 등이 뻣뻣해지고 손가락이 아파 올 때까지 연구에 몰두했어요.
밤을 꼬박 새우고 새벽녘에야 잠깐 눈을 붙인 적도 많았어요.

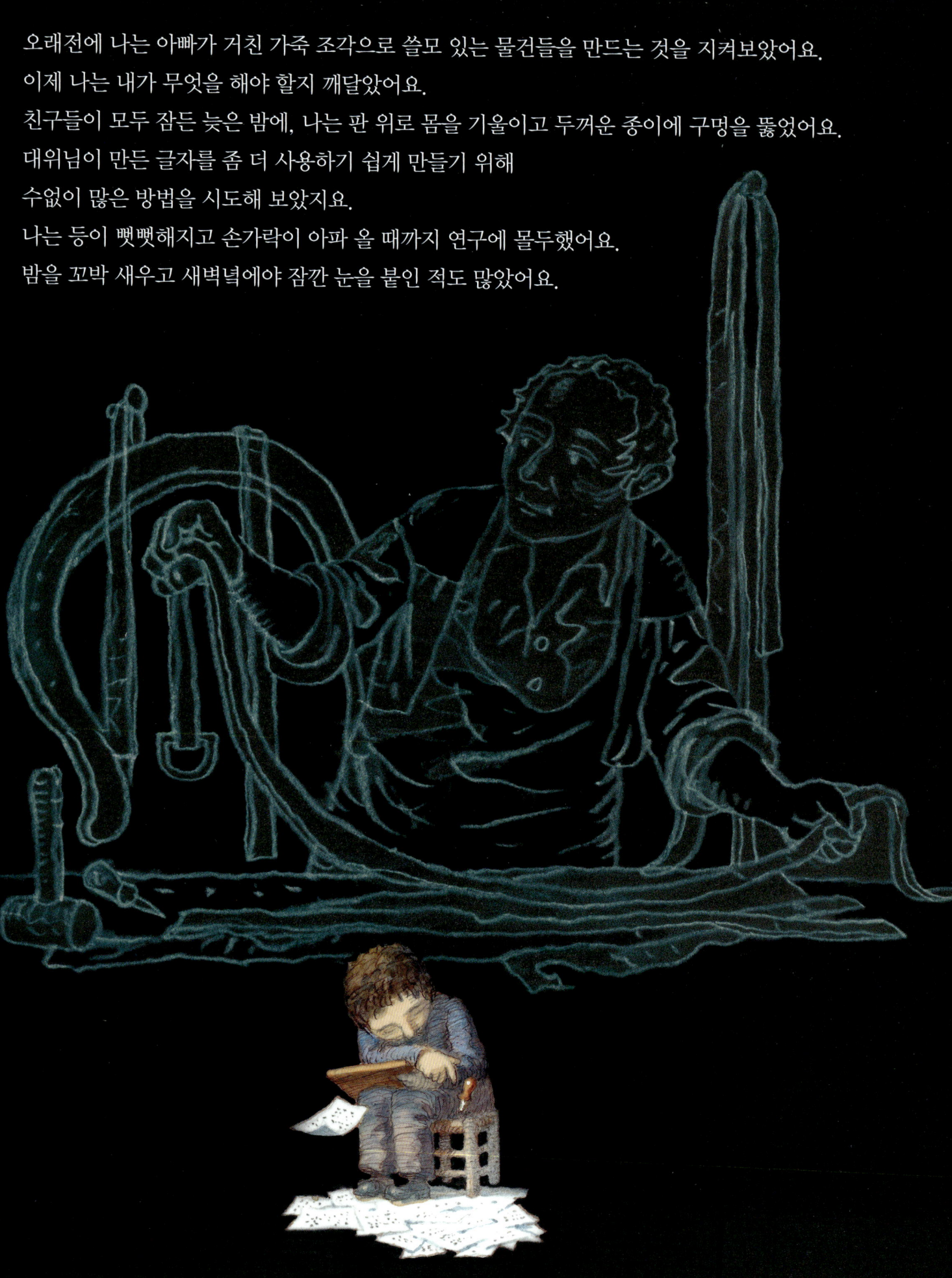

일 년이 지나갔어요. 또 일 년이 지나고, 또 지났어요.
그해 겨울, 나는 열다섯 살이 되었어요.
자주 몸이 아팠지만, 잠시도 연구를 멈출 수가 없었지요.

마침내 내가 연구한 것을 시험해 볼 준비가 되었어요.
나는 교장 선생님에게 서재에서 아무 책이나 한 권 골라 달라고 부탁했어요.
내가 한 번도 들어 본 적 없는 책으로요. 그러고는 이렇게 말했어요.
"그 책을 큰 소리로 읽어 주시겠어요?"

교장 선생님이 천천히 책을 읽기 시작하자, 내가 말했어요.
"선생님, 좀 더 빠르게 읽으셔도 돼요."
나는 교장 선생님이 읽어 주는 대로 낱말들을 받아썼어요.
한 글자 한 글자 정확하게 맞춤법에 맞춰서요.

내가 만든 새 문자는 도미노 블록에 찍힌 점처럼
두 줄로 배열된 여섯 개의 점만을 사용했어요.
각기 다른 모양으로 찍힌 여섯 개의 점은 알파벳 스물여섯 자를 모두 나타냈지요.

교장 선생님은 책의 첫 장까지 읽고는 말했어요.
"여기까지다!"

나는 내가 받아쓴 종이를 뒤집었어요.
그러고는 손끝으로 더듬어 가면서
처음부터 끝까지 소리 내어 읽었어요. 한 글자도 틀리지 않고요.

"루이, 드디어 네가 해냈구나!"
교장 선생님이 감격스럽게 외쳤어요.

소문은 금세 퍼져 나가, 아이들이 내가 만든 점자를 사용해 보려고 앞다투어 몰려들었어요.
"엄청 읽기 쉬워!"
"게다가 굉장히 빨리 쓸 수 있어!"
"이제 우리도 다른 사람들처럼 글자를 읽고 쓸 수 있게 됐어!"

친구들이 내가 만든 점자로 편지를 주고받는 것을 보면서, 나는 아빠가 작업장에서 거친 가죽 조각 위로 몸을 구부리고 그것들을 쓸모 있게 만들던 모습이 떠올랐어요.

마침내 나는 아빠처럼 되었어요!

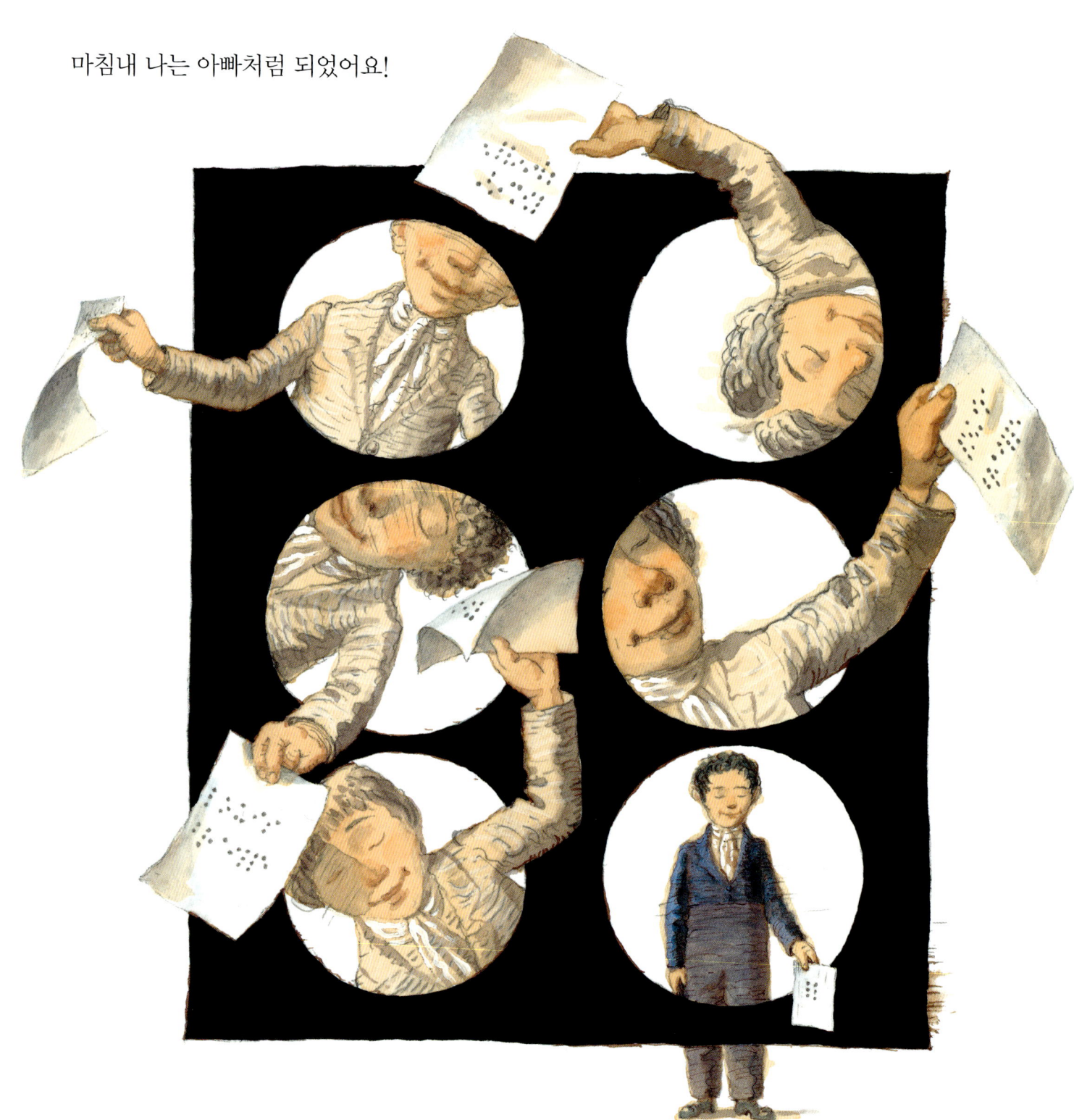

작가의 말

 만약 여러분에게 위대한 발명가 목록을 만들어 보라고 한다면, 누구를 넣을 생각인가요? 구텐베르크? 레오나르도 다빈치? 에디슨? 그 밖에 전화를 발명한 벨, 피뢰침을 발명한 프랭클린, 무선 통신을 발명한 마르코니, 전기 자동차를 만든 테슬라 등이 있지요. 발명품의 숫자와 종류, 그리고 우리 생활에 미친 영향을 생각하여 여러분이 머릿속에 떠올렸을 발명가들 중에서 몇 사람만 골라 봤어요. 그런데 여러분은 학교, 도서관, 은행, 엘리베이터 또는 다른 공공장소에서 어린 소년이 발명한 것을 본 적이 있나요?

 루이 브라유의 이름은 여러분이 만든 '위대한 발명가 목록'에 들어갈 만한 가치가 있어요. 루이 브라유는 어둠 속에서 손끝으로 읽을 수 있는 야간 문자에 대해 알게 되었고, 이것을 끊임없이 연구하여 시각 장애인의 삶을 완전히 바꿔 놓을 중요한 글자로 만들었어요. 하지만 다른 발명가들과 달리, 루이 브라유는 누군가의 도움 없이 혼자서 연구에 몰두한 어린이 발명가였지요.

 감옥을 고쳐 만든 낡고 습기 찬 건물에서 결핵으로 고통받으면서도 루이 브라유는 시각 장애인이 읽고 쓸 수 있는 글자를 만들기 위해 노력했고, 루이 브라유가 만든 점자는 오늘날까지 사용되고 있어요. 지난 수백 년 동안, 열다섯 살의 나이에 수많은 사람들에게 이토록 오랫동안 중요한 영향을 끼친 발명을 한 사람은 아무도 없었어요.

 요즈음 공공 도서관이나 대학 캠퍼스, 공항이나 현금 자동 지급기 등 곳곳에 새겨져 있는 점자를 보면서 혼자 생각했어요. '루이 브라유는 어떤 느낌이었을까?' 하고요. 하지만 프랑스 소년 루이 브라유에 관해 쓴 그 어떤 책도 루이 브라유가 어린 시절 느꼈을 감정들을 그대로 전해 주지 않았어요.

 '루이 브라유는 어땠을까?' 나는 이 질문에 대답하기 위해 이 책을 썼어요.

루이 브라유에 대해 좀 더 알아보아요.

♣ **루이 브라유가 점자를 발명한 것이 왜 중요한가요?**

헬렌 켈러가 루이 브라유의 점자 발명을 구텐베르크의 인쇄기 발명에 비교한 것은 꼭 알맞은 비교예요. 구텐베르크가 인쇄기를 발명하기 전에는 글을 읽고 쓰는 것은 아주 적은 수의 선택된 사람들만이 할 수 있었어요. 예를 들면, 궁전에 사는 왕족이나 수도원에 사는 수도사들 말이에요. 나머지 대부분의 보통 사람들은 글을 읽고 쓰지 못했어요. 그런데 인쇄기가 나와 갑자기 모든 사람이 책을 가까이 할 수 있게 되자, 마음껏 배우고 자유롭게 생각을 나누며 더 나은 삶을 살 수 있게 되었어요. 루이 브라유가 점자를 발명한 것도 마찬가지예요. 점자가 만들어지기 전까지 시각 장애인들은 읽고 쓰는 것은 생각도 할 수 없었어요. 하지만 여섯 개의 점으로 이루어진 루이 브라유의 점자가 시각 장애인들의 삶을 완전히 바꾸어 놓았어요.

♣ **루이 브라유의 가족은 눈먼 루이를 이해하고 용기를 북돋아 주었어요. 그런 경우는 드물었나요?**

네, 아주 특별한 경우였어요. 루이 브라유가 살던 19세기 초, 가족의 생계는 가족 구성원들이 각자 자기 몫의 일을 해야 꾸려 갈 수 있었어요. 그래서 일을 할 수 없는 시각 장애아나 청각 장애아, 또 다른 신체 장애를 가지고 있는 아이들은 대부분 가족에게 버림받고 길거리에서 구걸을 하거나 떠돌이 서커스단에 넘겨져 사람들의 구경거리가 되어야 했지요. 하지만 루이의 가족은 루이가 그런 비참한 삶을 살지 않도록 독립심을 길러 주고, 교육을 받을 수 있게 적극적으로 도와주었어요.

♣ **루이 브라유는 자신이 처음 만든 점자에서 무엇을 고쳤나요?**

루이 브라유가 맨 처음 만든 점자에는 샤를 바르비에 대위의 야간 문자에 사용된 줄표가 몇 개 포함되어 있었어요. 하지만 루이는 끊임없이 점자를 손보아, 이 줄표들을 없애고 숫자와 문장 부호, 음표를 나타내는 방법도 찾아냈어요. 파리 왕립맹아학교의 피니에 교장 선생님에게 자신이 만든 점자를 보여 준 지 5년 뒤인 1829년, 루이 브라유는 〈점을 사용하여 단어와 음악, 간단한 악보를 작성하는 방법〉이라는 책을 펴냈어요. 이 책에서 설명한 점자의 종류는 오늘날에 사용되는 점자와 기본적으로 똑같답니다.

♣ **루이가 만든 '브라유 점자'가 공식적으로 채택된 것은 언제부터인가요?**

파리 왕립맹아학교 학생들은 루이 브라유가 만든 점자를 곧바로 사용하기 시작했어요. 하지만 앞을 볼 수 있는 사람들은 브라유 점자를 하찮게 여겨 사용하지 못하게 했어요. 눈먼 사람들은 글자를 배울 필요가 없다고 생각하는 사람들도 많았지요. 브라유 점자가 공식적으로 사용되기 시작한 것은 루이 브라유가 세상을 떠난 지 2년 뒤인 1854년이었어요. 이때부터 파리의 모든 맹아학교에서 브라유 점자가 공식적으로 사용되었고, 뒤이어 미국과 유럽에서도 사용하게 되었어요. 우리나라에서는 제생원에서 눈먼 아이들을 가르치던 박두성 선생님이 1926년, 브라유 점자를 바탕으로 한글 점자인 '훈맹정음'을 만들어 시각 장애인들의 눈을 밝혀 주었어요.

♣ **루이 브라유는 점자 이외에 무엇을 발명했나요?**

루이 브라유는 악보와 숫자, 그리고 지도 그리기에서 점자를 사용하는 방법에 관한 책들을 펴냈어요. 그리고 친구인 알렉상드르 푸르니에의 도움을 받아, 글자 모양을 점으로 나타낼 수 있는 '래피그래피'를 발명했어요. 래피그래피는 시각 장애인들은 손가락으로, 앞을 볼 수 있는 사람들은 눈으로 글자를 읽을 수 있는 방식이에요. 루이 브라유는 래피그래피를 쓰기 위해 시각 장애인 음악가이자 기술자인 피에르 푸코와 함께 점 행렬 인쇄기의 초기 방식인 타자기 모양의 기계를 발명했어요.

♣ 음악은 루이 브라유의 인생에서 어떤 역할을 했나요?

루이 브라유는 음악을 사랑했고, 악기 연주에도 뛰어난 재능을 보였어요. 첼로와 오르간을 배웠는데, 특히 오르간은 파리에서 가장 큰 성당에서 연주자로 활동할 만큼 실력이 뛰어났어요. 루이는 또한 고향인 쿠브레 근처에서 피아노 조율을 하기도 했어요. 음악에 관련된 일은 시각 장애인이 선택할 수 있는 몇 안 되는 직업 중 하나였기 때문에 루이는 악보를 표시할 수 있는 점자 양식을 만드는 일을 가장 중요하게 생각했어요. 그 결과 루이가 만든 점자 악보는 나오자마자 널리 사용되었어요.

♣ 루이 브라유는 파리 왕립맹아학교를 졸업한 뒤 무슨 일을 했나요?

루이 브라유는 파리 왕립맹아학교를 우수한 성적으로 졸업하고, 계속 학교에 남아 보조 교사로 일했어요. 1833년에는 정식 교사가 되어 역사, 문법, 지리, 수학을 가르쳤어요. 결핵에 걸려 회복될 가망이 없다는 진단을 받은 뒤에도 루이는 가끔 가족들이 있는 고향 집에 내려가 쉬면서 아이들을 가르치는 일을 계속했어요. 1852년, 루이 브라유는 마흔세 번째 생일을 보내고 이틀 뒤에 숨을 거두었어요. 루이 브라유가 세상을 떠난 지 100주년이 되던 1952년, 루이의 유골은 고향인 쿠브레에서 파리의 팡테옹으로 옮겨졌어요. 팡테옹 국립묘지는 빅토로 위고, 퀴리 부인 등 프랑스 역사를 빛낸 위인들이 잠들어 있는 곳이에요.

♣ 디지털 시대에 점자는 어떻게 변화하고 있나요?

기술의 발달로 시각 장애인들이 읽고 쓸 수 있는 점자 기기의 수와 종류가 크게 향상되었어요. 시각 장애인들이 특수한 형태의 점자 기기들을 사용하는 데는 아직 어려움이 있지만, 시각 장애인 관련 단체들이 이 문제를 해결하기 위해 계속 노력하고 있어요. 예를 들면, 전자 점자기는 기존의 점자판과 점필을 대신할 수 있는 기기예요. 컴퓨터 점자 표시기는 모니터에 나타난 정보를 점자로 표시해 주고, 점자 프린터는 컴퓨터에서 얻은 정보를 점자로 종이에 인쇄하는 기기예요. 또 전자 도서관은 앞을 볼 수 있는 사람이나 시각 장애인 모두가 읽을 수 있는 책뿐만 아니라, 점자로 만들어지거나 녹음된 책과 잡지를 빌려 주는 곳이에요. 스마트폰이나 태블릿 피시에도 일반 문서를 음성이나 점자로 바꿔 주는 기능이 있어요.

젠 브라이언트 글

미국 게티스버그 대학을 졸업하고, 시인, 전기 작가, 그림책 작가, 소설가로 활동하고 있습니다.
그림 작가 멜리사 스위트와 함께 작업한 전기 그림책 〈시가 흐르는 강〉으로 칼데콧 아너 상을 받았습니다.
지은 책으로 〈눈부신 빨강〉, 〈시간의 종말을 위한 사중주곡〉 등이 있으며,
현재 가족과 함께 펜실베이니아에서 살고 있습니다.

보리스 쿨리코프 그림

러시아에서 태어나 상트페테르부르크 연극음악영화학교를 졸업했고,
지금은 뉴욕 브루클린에서 살면서 일러스트레이터로 활동하고 있습니다.
그린 책으로 스쿨라이브러리 저널 '올해의 책'으로 선정된 〈아빠는 발명왕〉을 비롯해,
〈낱말 수집가 맥스〉, 〈실수해도 괜찮아〉, 〈누가 티라노사우루스를 발견했을까?〉, 〈방귀 대장 조〉 등이 있습니다.

양진희 옮김

연세대학교 불어불문학과를 졸업하고, 프랑스 파리4대학에서 불어학 박사 과정을 수료했습니다.
옮긴 책으로 〈새똥과 전쟁〉, 〈크록텔레 가족〉, 〈자유가 뭐예요?〉, 〈내 마음이 자라는 생각 사전〉,
〈난 왼손잡이야, 그게 어때서?〉, 〈곰 때문이야!〉 등이 있습니다.

여섯 개의 점
점자를 만든 눈먼 소년 루이 브라유 이야기

초판 1쇄 발행 | 2017년 1월 20일　**초판 4쇄 발행** | 2022년 2월 28일
지은이 | 젠 브라이언트　**그린이** | 보리스 쿨리코프　**옮긴이** | 양진희
펴낸이 | 양진오　**펴낸곳** | (주)교학사　**등록일** | 1962년 6월 26일 제18-7호
주소 | 서울특별시 금천구 가산디지털1로 42(공장) 서울특별시 마포구 마포대로 14길 4(사무소)
전화 | 편집부 (02)7075-328 · 영업부 (02)7075-147　**팩스** | (02)7075-330
홈페이지 | www.kyohak.co.kr　**편집** | 김인애, 김길선

SIX DOTS : A Story of Young Louis Braille
by Jen Bryant, illustrated by Boris Kulikov
Text copyright ⓒ 2016 by Jen Bryant
Jacket art and interior illustrations copyright ⓒ 2016 by Boris Kulikov
All rights reserved.
This Korean edition was published by Kyohak Publishing Co., Ltd. in 2017 by arrangement with
Random House Children's Books, a division of Penguin Random House LLC
through KCC(Korea Copyright Center Inc.), Seoul.

이 책은 (주)한국저작권센터(KCC)를 통한 저작권자와의 독점계약으로 (주)교학사에서 출간되었습니다.
저작권법에 의해 한국 내에서 보호를 받는 저작물이므로 무단 전재와 무단 복제를 금합니다.

ISBN 978-89-09-19774-8 74800

이 도서의 국립중앙도서관 출판예정도서목록(CIP)은 서지정보유통지원시스템 홈페이지(http://seoji.nl.go.kr)와
국가자료공동목록시스템(http://www.nl.go.kr/kolisnet)에서 이용하실 수 있습니다. (CIP제어번호 : CIP2016030164)

함께자람은 (주)교학사의 유아 · 어린이책 브랜드입니다.